AS EVIDENCIAS DA RESSURREIÇÃO DE JESUS CRISTO

MACAÉ - RJ

2018

DEDICATÓRIA

Dedico esse trabalho a minha esposa e aos meus filhos que sempre me deram todo apoio e carinho e foram compreensivos e pacientes. Ao meu irmão e pastor Ademir Cecílio que sempre me incentivou e apoiou para estudar teologia.

AGRADECIMENTOS

Agradeço a igreja Batista do Barreto pelo apoio e confiança pela indicação ao curso de Bacharel em Teologia.

Agradeço a Deus pela sabedoria e perseverança, toda honra e toda glória seja a Ele.

Agradeço a minha mãe Leonice Martins que sempre me apoiou nos estudos e muito me ajudou nas suas orações e conselhos.

A todos aqueles que contribuíram direta ou indiretamente para o desenvolvimento deste trabalho.

Agradeço ao meu irmão e pastor Ademir Cecílio que foi o grande responsável por hoje está estudando na faculdade FABAMA. Ao longo da minha vida o meu irmão sempre foi e é um grande exemplo de fé, determinação e perseverança.

Não posso deixar de agradecer minha esposa Fabieli que tem sido a minha companheira, amiga em todos os momentos que temos passado, e meus filhos Lucas e Arthur, grandes presentes que recebi de Deus!

"O costume romano era deixar a vítima de crucificação pendurada na cruz para servir de alimento para as aves e animais terrestres. Mas quem pensaria em dizer que não havia exceções a essa regra?"

(JOSEFO, auto biografia, cap.75; Guerras dos judeus, IV, v.2)

RESUMO

Num propósito apologético para defender a fé cristã foi pensado no tema deste trabalho "As Evidencias da Ressurreição de Jesus Cristo", afim de agrupar aqui todas e possíveis evidencias acerca da história de Jesus Cristo principalmente da morte e ressurreição, abrangendo todos os participantes envolvidos como testemunhas que deram suas vidas por essa grande verdade. Esse trabalho visa expor as evidencias da ressurreição de Jesus Cristo, apresentando bases Bíblicas com testemunhos das testemunhas oculares da morte e ressurreição de Jesus Cristo, como também exposições de teólogos que defendem a ressurreição, trazendo evidenciam históricas, cientifica e cultural do tempo de Jesus. Como também serão expostas visões teológicas que tentam refutar essa grande verdade que é a ressurreição. Essa obra tem como objetivo de contribuir aos cristãos como fonte de pesquisa e enriquecimento do conhecimento acadêmico e cristão. Será possível ao leitor encontrar perguntas e respostas fundamentais sobre a ressurreição que trará segurança de que a ressurreição é fato consumado. Assim não ficara sobra de duvidas diante das evidencias que serão apresentadas nesse trabalho.

Palavra chave: Ressurreição de Jesus Cristo

SUMÁRIO

1. INTRODUÇÃO

Esse livro tem por finalidade apresentar as evidencias da ressurreição de Jesus Cristo. Tornando uma ferramenta para todos aqueles que creem nessa grande verdade Irrefutável. Desde os tempos dos apóstolos já existiam aqueles que tinham o proposito de iludir o povo com mentiras acerca de Jesus. Como por exemplo: quando o corpo de Jesus sumiu os sacerdotes cuidaram de chamar os soldados e suborna-los para mentir dizendo que os discípulos vieram de noite e roubaram o corpo de Jesus Cristo, até garantiram proteção a eles (Mt.28.11-15). Também vamos ver que um discípulos chamado Tomé não cria que Jesus havia ressuscitado até que enfim foi confrontado pelo próprio Cristo ressurreto. Tomé era Saduceu e esta cultura não cria em ressurreição, isso explica a incredulidade em seu coração. Ao longo da historia vai surgindo incrédulos à ressurreição e buscam de todas as formas para refutarem essa grande verdade. Como por exemplo, a teoria do sepulcro desconhecido, a teoria mulçumana da substituição, alucinações dizendo que viram Jesus ressuscitado... Porem diante de todas as tentativas de refutação, essa verdade perdura até nosso tempo e continuará até a vinda de Jesus ressurreto.

2. O que aconteceu com o homem para necessitar de perdão?

No princípio Deus havia criado todas as coisas de forma que todas tivessem harmonia entre eles e Deus. A Bíblia vai dizer que ao terminar de fazer da sua criação Deus contempla e diz que ficou "bom". Como coroa da sua criação Ele criou também o homem e soprou em suas narinas o folego de vida.

"E formou o Senhor Deus o homem do pó da terra, e soprou em suas narinas o fôlego da vida; e o homem foi feito alma vivente." Gn 2.7

O jardim que Deus havia criado para o homem tinha tudo que ele necessitava para a sobrevivência. Porem Deus falou para o homem não comer da arvore do conhecimento do bem e do mal.

> E tomou o Senhor Deus o homem, e o pôs no jardim do Éden para o lavrar e o guardar.
> E ordenou o Senhor Deus ao homem, dizendo: De toda a árvore do jardim comerás livremente,
> Mas da árvore do conhecimento do bem e do mal, dela não comerás; porque no dia em que dela comeres, certamente morrerás. Gn 2.15-17
>
> Segundo o teólogo, Samuel J. Schultz diz que A partir deste momento da narrativa, o homem é distinguido como a mais importante dentre todas as criações de Deus (Cf.2.4b-25). Criado a imagem de Deus, ele se torna o foco de interesse, à medida que a narrativa prossegue. Deus formou o homem do pó da terra e soprou em seu interior o hálito da vida, tornando-o um ser vivo. Ao homem fio confiado não só a responsabilidade de cuidar dos animais, mas também recebeu a comissão de dar-lhes nomes. A distinção entre homem e animais se torna ainda mais evidente no fato que o homem não encontrou companheira satisfatória enquanto Deus não criou Eva para ser sua ajudadora. Para habitação do homem, Deus preparou o jardim do Éden. Encarregado de cuidar desse jardim, ao homem foi oferecido o plano deleite de todas as coisas que foram abundantemente providas por Deus. Houve somente uma restrição – o homem não deveria comer da árvore do conhecimento do bem e do mal

Conforme o autor, Deus mantinha comunhão com o homem diariamente, e ao virar da tarde o homem recebia a visita do seu criador e juntos caminhavam pelo jardim. Mesmo tendo a presença marcante de Deus em suas vidas, o homem pecou comendo da arvore do conhecimento do bem e do mal, e logo perceberam que estavam nus.

"Então foram abertos os olhos de ambos, e conheceram que estavam nus; eram folhas de figueira, e fizeram para si aventais." Gn 3.7

Deus visita o homem, e quando o homem percebe a presença de Deus, ele se esconde porque havia pecado.

> E ouviram a voz do Senhor Deus, que passeava no jardim pela viração do dia; e esconderam-se Adão e sua mulher da presença do Senhor Deus, entre as árvores do jardim.

E chamou o Senhor Deus a Adão, e disse-lhe: Onde estás? E ele disse: Ouvi a tua voz soar no jardim, e temi, porque estava nu, e escondi-me. Gn 3.8-10

Segundo o teólogo Josh McDowell, diz que a dor, a tragédia e a morte que nos perturbam não estavam presentes na criação original de Deus. A beleza que vemos na natureza, a alegria que sentimos nos relacionamento efetivos, a satisfação que sentimos no trabalho bem feito e o prazer que sentimos de tantas maneiras são indicações de como era o mundo quando Deus o criou. Os relacionamento não estavam contaminados pelo orgulho, luxúria, avareza ou ciúme. A natureza era completamente benigna e não havia tempestades.

Era um lugar de extrema alegria e satisfação conforme afirmado por "Josh McDowell". O Deus que fez todas as coisas para que o homem pudesse viver e manter um relacionamento com Ele, era um Deus amoroso, que vivia no íntimo do homem com um relacionamento de profunda intimidade.

Porém o homem mesmo tendo tudo a seu dispor escolheu pecar contra seu criador e com isso tudo muda a partir de então.

Segundo o teólogo Josh McDowell, diz que o resultado de sua decisão, tudo mudou no seu mundo, e não foi para melhor. Tendo lhes dado liberdade de escolher o seu caminho, Deus honrou sua escolha. Ele saiu das suas vidas, de modo a não interferir na sua independência e a liberdade que eles havia escolhidos. Mas sem Deus em suas vidas, repentinamente sentiram falta do poder e da sabedoria para exercer a sua incumbência de reinar sobre a natureza. Com o resultado, a natureza ficou fora de controle, desiquilibrada. Tempestades, terremotos e desastres não mais podiam ser evitados. O solo não mais respondia abundantemente ao arado, e as ervas daninhas, a ferrugem, a podridão, bactérias malignas e parasitas infestavam tudo. Os animais que antes serviam amorosamente ao homem e a mulher agora fugiam deles e até mesmo os atacavam, por medo e fome. A dor e a morte se tornaram características permanentes do ambiente. Tudo isso foi por consequência do pecado, pois ouve a separação de Deus.

As mudanças foram repentinas e catastróficas na vida dos homens e em toda a natureza. Conforme mencionado pelo "teólogo Josh McDowell" por causa do pecado houve separação de Deus, provocando o juízo de Deus trazendo a morte, a dor, mudanças climáticos, animais ferozes, ervam daninhas... Deus é a fonte de vida e o afastamento Dele gera morte.

"Portanto, como por um homem entrou o pecado no mundo, e pelo pecado a morte, assim também a morte passou a todos os homens por isso que todos pecaram." Rm 5.12

Todos os homens da terra herdaram o pecado de Adão, e todos estão condenados a morte eterna. Mas Deus fez uma promessa a Adão que no futuro nasceria um que aniquilaria o senhorio do pecado e da morte sobres os homens como diz em Gn 3.15:

"E porei inimizade entre ti e a mulher, e entre a tua semente e a sua semente; esta te ferirá a cabeça, e tu lhe ferirás o calcanhar."

Essa promessa se culminou com e encanação, morte e ressurreição de Jesus Cristo. Falaremos mais sobre esse assunto adiante.

Porque que Deus não ignorou o pecado do homem?

Se Deus realmente nos ama porque permitiu que o pecado se colocasse entre o homem e Ele?

Deus nos criou com liberdade e assim podendo escolher em obedece-lo ou não. Com essa visão podemos facilmente perceber a soberania de Deus na criação. Ele não criou o homem como um robô, que só andaria, comeria... Dependendo de uma ação de Deus para isso. Como semelhança de Deus, herdamos o caráter de Deus, humildade, relacionamento, amor, etc. Porem quando o homem pecou, transgredindo a ordem de Deus, cria uma barreira entre ele e Deus. Deus é santo e não pode se relacionar com o pecado. Deus ama o pecador mas abomina o pecado e por causa da sua santidade Ele mesmo elegeu o seu filho Jesus para que o homem fosse perdoado e assim voltar a ter comunhão com Ele.

> Conforme o autor teólogo Josh McDowell, diz Como Deus é santo, não pode considerar o pecado com indiferença. Ele julga os pecadores porque seu caráter perfeito o exige. Ele, na sua santidade e justiça, teve de proferir um justo e santo julgamento contra eles. Esse julgamento foi a morte. Não há vida para os que afastam da fonte da vida, e isso é o que toda a humanidade fez com o pecado.

> De acordo com o Teólogo Jon McDewell, o pecado do homem trouxe o juízo do Deus justo sobre ele e sobres sua descendência. Porem esse Deus justo também cuidou para no futuro esse grande erro do homem fosse reparado parcialmente por cordeiros no antigo testamento e posteriormente definitivamente por Jesus que morreria para remissão do pecado de todos os homens que Nele crer. A Bíblia diz que Deus já havia dado o seu filho para sacrifício em favor dos homens desde a fundação do mundo!

"De outra maneira, necessário lhe fora padecer muitas vezes desde a fundação do mundo. Mas agora na consumação dos séculos uma vez se manifestou, para aniquilar o pecado pelo sacrifício de si mesmo. Hebreus 9:26"

Conforme os autores são possíveis perceber o quanto Deus ama o homem, pois mesmo o homem ter pecado comendo da árvore do bem e do mal, atraindo para si e para suas futuras gerações a maldição do pecado e com isso perdendo a comunhão com Deus para sempre. Deus no seu grande amor enviou seu filho como homem para andar com os homens e assim ter um relacionamento com estes, ensina-los o caminho da salvação e a vida eterna. Jesus morreu para reconciliar o homem novamente com Deus. Aqui é possível ver o quanto Deus amou o homem, pois Ele poderia dar as costas para esse ser que transgrediu a sua ordem, mas com amor e paciência Ele busca meios para estar por perto ajudando o homem para eles não se sentissem órfãos.

A solução do dilema que o homem se colocou

No AT a Bíblia apresenta uma aliança que Deus fez com o homem afim ter relacionamento com este. Essa aliança foi feita com o patriarca Abraão conhecida com Circuncisão. Mesmo com essa aliança o homem não pode ainda ter o perdão dos seus pecados, pois era necessário que houvesse o derramamento de sengue de um animal inocente para perdão dos pecados, ainda assim esse perdão era temporal. Pois esse sacrifício deveria ser repetido uma vez ao ano.

> E circuncidareis a carne do vosso prepúcio; e isto será por sinal da aliança entre mim e vós. O filho de oito dias, pois, será circuncidado, todo o homem nas vossas gerações; o nascido na casa, e o comprado por dinheiro a qualquer estrangeiro, que não for da tua descendência. Com efeito será circuncidado o nascido em tua casa, e o comprado por teu dinheiro; e estará a minha aliança na vossa carne por aliança perpétua.
> E o homem incircunciso, cuja carne do prepúcio não estiver circuncidada, aquela alma será extirpada do seu povo; quebrou a minha aliança. Gn 17.11-14

Deus colocou uma condicional para todos os homens terem uma aliança com Ele. Caso esse homem não atendessem o que foi ordenado por Deus não poderia ficar com o seu povo.

> O teólogo Samuel J. Schultz diz: "as Leis sacrificiais e as instruções dadas no monte Sinai não subentendem a ausência de oferendas antes desse tempo. Se os vários tipos de oferendas eram ou não claramente distinguidos e conhecidos pelos israelitas é um tema que pode ser debatido; mas a pratica de oferecer sacrifícios sem dúvida lhes eram familiar, conforme se vê nos registros acerca de Caim, Abel, Noé e os patriarcas. Regras gerais para a execução dos sacrifícios: 1 – apresentação do animal diante do altar; 2- imposição da mão sobre a vítima pelo ofertante; 3- abate do animal; 4- aspersão do sangue sobre o altar; 5- sacrifício consumido no fogo.

Conforme autor, o sacrifício com animais era para perdão dos pecados de forma temporal. Porem Deus estava através deste sacrifício apontando para o cordeiro de Deus, Jesus Cristo que morreria uma única vez para perdão definitivo dos homens que Nele crê.

Como observou John Stott: "A cruz pode ser vista como uma prova de amor de Deus somente quando é vista, ao mesmo tempo, como prova de sua justiça".

O teólogo Jon McDewell, diz que: "Como resultado, Deus agora pode nos livrar da penalidade do pecado, e nos tratar como se fossemos absolutamente inocentes".

Como nos diz o apóstolo Paulo: "Para que, assim como o pecado reinou na morte, também a graça reinasse pela justiça para a vida eterna, por Jesus Cristo nosso Senhor" (Rm 5.21).

Conforme os autores, só Deus poderia conceder novamente ao homem a oportunidade de voltar a ter comunhão com Ele, assim como era no princípio no Jardim do Éden. Para solução do problema do homem Deus já tinha um plano, bastava então a história cuidar para que se cumprisse o seu plano de salvação dos homens pecadores.

Por que tinha de ser Jesus?

Em primeiro lugar tinha que ser Jesus para cumprir as profecias como a do profeta Isaias: *Quem deu crédito à nossa pregação? E a quem se manifestou o braço do SENHOR?*
Porque foi subindo como renovo perante ele, e como raiz de uma terra seca; não tinha beleza nem formosura e, olhando nós para ele, não havia boa aparência nele, para que o desejássemos. Era desprezado, e o mais rejeitado entre os homens, homem de dores, e experimentado nos trabalhos; e, como um de quem os homens escondiam o rosto, era desprezado, e não fizemos dele caso algum. Verdadeiramente ele tomou sobre si as nossas enfermidades, e as nossas dores levou sobre si; e nós o reputávamos por aflito, ferido de Deus, e oprimido. Mas ele foi ferido por causa das nossas transgressões, e moído por causa das nossas iniquidades; o castigo que nos traz a paz estava sobre ele, e pelas suas pisaduras fomos sarados. Todos nós andávamos desgarrados como ovelhas; cada um se desviava pelo seu caminho; mas o Senhor fez cair sobre ele a iniquidade de nós todos. Ele foi oprimido e afligido, mas não abriu a sua boca; como um cordeiro foi levado ao matadouro, e como a ovelha muda perante os seus tosquiadores, assim ele não abriu a sua boca. Da opressão e do juízo foi tirado; e quem contará o tempo da sua vida? Porquanto foi cortado da terra dos viventes; pela transgressão do meu povo ele foi atingido. E puseram a sua sepultura com os ímpios, e com o rico na sua morte; ainda que nunca cometeu injustiça, nem houve engano na sua boca. Todavia, ao Senhor agradou moê-lo, fazendo-o enfermar; quando a sua alma se puser por expiação do pecado, verá a sua posteridade, prolongará os seus dias; e o bom prazer do Senhor prosperará na sua mão. Ele verá o fruto do trabalho da sua alma, e ficará satisfeito; com o seu conhecimento o meu servo, o justo, justificará a muitos; porque as iniquidades deles levará sobre si. Por isso lhe darei a parte de muitos, e com os poderosos repartirá ele o despojo; porquanto derramou a sua alma na morte, e foi contado com os transgressores; mas ele levou sobre si o pecado de muitos, e intercedeu pelos transgressores. Isaías 53:1-12

Aproximadamente 700 anos antes de Jesus nascer o profeta Isaias já havia profetizado o sofrimento do cordeiro de Deus em favor do homem.

Em segundo lugar tinha que ser Jesus porque só Ele era o cordeiro perfeito de Deus, pois não tinha pecado e assim poderia atender todas as exigências da santidade de Deus para remissão do pecado do homem. Veja o que a Bíblia afirma:

"Àquele que não conheceu pecado, o fez pecado por nós; para que nele fôssemos feitos justiça de Deus. 2 Cor 5:21"

O teólogo Jon McDewell, diz que: Em qualquer reconciliação, o mediador deve representar, com justiça, os dois lados. Por esse razão, Jesus Cristo é o mediador perfeito entre Deus e a humanidade. Cristo era Deus, em carne humana. Ele era Deus e também homem. Ele era plenamente Deus, desde toda a eternidade, e se tornou plenamente homem, quando nasceu de Maria. Embora ainda tenhamos a carne contaminadora do pecado. Ele permite que nós temporariamente "tomemos emprestada" a perfeição de Cristo e nos considera como se fossemos verdadeiramente sem pecado, sem nenhum erro ou imperfeição.

Conforme o autor, Jesus cumpre bem o papel de mediador dos homens diante de Deus. Pois assim nos fala o apóstolo Paulo: "Porque há um só Deus, e um só Mediador entre Deus e os homens, Jesus Cristo homem" (1 Tm 2:5).

Através do nosso mediador chegamos diante de Deus como filho perfeitos assim como éramos antes de pecar no Éden.

3. Evidencias Históricas

Confirmação histórica da Ressurreição de Jesus

O teólogo Jon McDewell diz que: "No entanto, cremos que é, na realidade, pela morte histórica e pela ressurreição literal de Jesus Cristo que Deus julgou adequado possibilitar a salvação a raça humana. É pela vida, morte e ressurreição de Jesus que Deus venceu o pecado e derrotou a morte".

O apostolo Paulo enfatiza a importância da crença na ressurreição de Cristo na referência que segue: "E, se Cristo não ressuscitou, é vã a vossa fé, e ainda permaneceis nos vossos pecados. E também os que dormiram em Cristo estão perdidos"1 Cor 15.17,18.

> O teólogo Willibald Bose, diz: Toda vez que o assunto era da ressurreição de Jesus, exclamava-se cheio de alegria, egérthe!, isto, é, Ele foi ressuscitado! Essa formula simples, constituía de apenas uma palavra, encontra-se tanto na tradição condensada nas fórmulas confessionais antigas quanto na tradição narrativa (M 10 e M53): "Ele foi ressuscitado" escreve Paulo em 1 Cor 15.4 "Ele ressuscitou" (Mc 16.6), é o teor da mensagem do anjo na narrativa da sepultura do Evangelho de Marcos. "Ressuscitado" é o núcleo central, o enunciado de destaque de ambas as mensagens da ressurreição.

Conforme exposto pelos teólogos, Jesus ressuscitou dos mortos e essa é a esperança da salvação de todos os cristãos desde o primeiro século. Na antiga Lei a aliança era feita na carne como a circuncisão que era feita por mãos de homem, mas em Cristo somos circuncidados pela fé. Por isso que Paulo enfatiza que "se não crermos na ressurreição de Cristo é vã a nossa fé".

"No qual também estais circuncidados com a circuncisão não feita por mão no despojo do corpo dos pecados da carne, pela circuncisão de Cristo; Cl 2:11".

O teólogo Wolfhart Pannenberg, professor de teologia sistemática na universidade de Munique, esteve basicamente interessado na relação entre fé e história. Esse brilhante acadêmico diz: "Se a ressurreição de Jesus ocorreu ou não, é uma questão histórica neste ponto é inevitável. E, assim, a questão deve ser decidida no nível do argumento histórico".

> O filósofo Stephen Davis observa: Parece claro – na realidade, axiomático – que se a ressurreição de Jesus realmente ocorreu, então é um fato sobre o

passado. E se a palavra história for interpretada como os eventos que ocorreram no passado real, e que os historiadores se esforçaram para descobrir, então a ressureição de Jesus foi um evento na história.

William Lane Craig explica: A hipótese da ressurreição é, ao mesmo tempo, verificável e falsificável: variável, provando a historicidade do sepulcro vazio, as aparições e a origem do Caminho cristão; falsificável, quer refutando as verdades expressas acima querem apresentando explicações naturalistas para esses fatos. Na realidade, eu deveria chegar ao ponto de dizer que não há um único evento nas narrativas da ressurreição que não seja a princípio, historicamente verificável ou falsificável.

De acordo com os teólogos, a ressurreição de Jesus aconteceu e que historicamente pode ser verificável e atestado o fato, mas também pode ser falsificável para dar campo para questionamentos e até colocar em dúvida essa verdade.

O conhecimento Histórico é realmente possível?

A influência histórica de Jesus é tão importante que passou a existir um calendário antes de Cristo (a.C.) e outro calendário depois de Cristo (d.C.). Não só os cristãos aceitam esse novo calendário, mas todos independente do seu credo religioso. Porem quando se trata da ressurreição de Cristo, surgem muitas correntes teológicas, onde uns apoiam e outros não.

O teólogo Jon McDewell diz que: É importante ter em mente que o objetivo da investigação histórica é a probabilidade, e não a certeza matemática. Embora seja verdade que nenhum historiador pode ter a certeza absoluta, não se pode concluir que é impossível conhecer a historia.

Escreve o historiador Richard Evans: Nenhum historiador realmente crê na veracidade absoluta daquilo que está escrevendo, mas simplesmente na sua veracidade provável, que eles fizeram o máximo para estabelecer, seguindo as regras usuais de evidencias.

O teólogo Jon McDewell responde a pergunta feita pelo relativista histórico: Não é possível conhecer os fatos históricos porque eles não podem ser observados diretamente. Ele responde, Embora seja verdade que os fatos históricos não podem ser 'observado", ainda assim podem ser conhecidos com uma grade dose de probabilidade. Na verdade, há muitas coisas que os cientistas acreditam que existem porque deduzem a sua existência, e não porque as observam diretamente. Os dinossauros não foram observados diretamente, mas a sua existência é deduzidas de ossos e outras evidencias.

O Dr. Wolfhart Parnnenberg, professor de teologia sistemática na universidade de Munique, observa: A decisão sobre a questão da ressurreição de Jesus, como um evento na historia da humanidade é... Uma questão de um exame puramente histórico da tradição cristã antiga, e de uma avaliação especificamente histórica, não de uma determinação anterior.

O Michael Licona observou, no entanto que: O que a ciência demonstrou é que uma pessoa não irá ressuscitar dos mortos por causas naturais. Mas isso não se aplica a ressurreição de Jesus, uma vez que nós não estamos afirmando que Jesus retornou a vida naturalmente. Os autores do Novo Testamento declaram que foi Deus que ressuscitou Jesus dos mortos.

De acordo com as informações apresentadas pelos autores acima é possível ver na história evidencias da ressurreição de Jesus Cristo. Bem apresentado pelo teólogo Jon McDewell o exemplo dos dinossauros que as suas evidencias através de ossos comprovam que eles existiram no passado.

As narrativas dos Milagres invalidam a credibilidade da Ressurreição de Jesus Cristo?

Os milagres são manifestações sobrenaturais e isso comprova que Jesus era o ungido de Deus. Quando o profeta João Batista estava preso necessitou de confirmar se Jesus era mesmo o ungido de Deus como o texto: "E João, ouvindo no cárcere falar dos feitos de Cristo, enviou dois dos seus discípulos, A dizer-lhe: És tu aquele que havia de vir, ou esperamos outro? E Jesus, respondendo, disse-lhes: Ide, e anunciai a João as coisas que ouvis e vedes: Os cegos vêem, e os coxos andam; os leprosos são limpos, e os surdos ouvem; os mortos são ressuscitados, e aos pobres é anunciado o evangelho". Mateus 11:2-5

Jesus mostrou que os milagres eram sinais que validavam seu ministério na terra para perdão e salvação do ser humano.

Algumas narrativas Bíblicas existentes que confirmam o poder sobrenatural de Jesus sobre o pecado, a natureza e a morte:

A água feita vinho Jo. 2.1-11

> E, ao terceiro dia, fizeram-se umas bodas em Caná da Galiléia; e estava ali a mãe de Jesus.
> E foi também convidado Jesus e os seus discípulos para as bodas. E, faltando vinho, a mãe de Jesus lhe disse: Não têm vinho. Disse-lhe Jesus: Mulher, que tenho eu contigo? Ainda não é chegada a minha hora. Sua mãe disse aos serventes: Fazei tudo quanto ele vos disser.E estavam ali postas seis talhas de pedra, para as purificações dos judeus, e em cada uma cabiam dois ou três almudes. Disse-lhes Jesus: Enchei de água essas talhas. E encheram-nas até em cima. E disse-lhes: Tirai agora, e levai ao mestre-sala. E levaram. E, logo que o mestre-sala provou a água feita vinho (não sabendo de onde viera, se bem que o sabiam os serventes que tinham tirado a água), chamou o mestre-sala ao esposo, E disse-lhe: Todo o homem põe primeiro o vinho bom e, quando já têm bebido bem, então o inferior; mas tu guardaste até agora o bom vinho. Jesus principiou assim os seus sinais em Caná da Galiléia, e manifestou a sua glória; e os seus discípulos creram nele. João 2:1-11

Cura do filho de um regulo Jo.4.46-54

Segunda vez foi Jesus a Caná da Galiléia, onde da água fizera vinho. E havia ali um nobre, cujo filho estava enfermo em Cafarnaum. Ouvindo este que Jesus vinha da Judéia para a Galiléia, foi ter com ele, e rogou-lhe que descesse, e curasse o seu filho, porque já estava à morte. Então Jesus lhe disse: Se não virdes sinais e milagres, não crereis. Disse-lhe o nobre: Senhor, desce, antes que meu filho morra. Disse-lhe Jesus: Vai, o teu filho vive. E o homem creu na palavra que Jesus lhe disse, e partiu. E descendo ele logo, saíram-lhe ao encontro os seus servos, e lhe anunciaram, dizendo: O teu filho vive. Perguntou-lhes, pois, a que hora se achara melhor. E disseram-lhe: Ontem às sete horas a febre o deixou. Entendeu, pois, o pai que era aquela hora a mesma em que Jesus lhe disse: O teu filho vive; e creu ele, e toda a sua casa. Jesus fez este segundo milagre, quando ia da Judéia para a Galileia. João 4:46-54

A pesca maravilhosa Lc.5.1-11

E aconteceu que, apertando-o a multidão, para ouvir a palavra de Deus, estava ele junto ao lago de Genesaré; E viu estar dois barcos junto à praia do lago; e os pescadores, havendo descido deles, estavam lavando as redes. E, entrando num dos barcos, que era o de Simão, pediu-lhe que o afastasse um pouco da terra; e, assentando-se, ensinava do barco a multidão. E, quando acabou de falar, disse a Simão: Faze-te ao mar alto, e lançai as vossas redes para pescar. E, respondendo Simão, disse-lhe: Mestre, havendo trabalhado toda a noite, nada apanhamos; mas, sobre a tua palavra, lançarei a rede. E, fazendo assim, colheram uma grande quantidade de peixes, e rompia-se-lhes a rede. E fizeram sinal aos companheiros que estavam no outro barco, para que os fossem ajudar. E foram, e encheram ambos os barcos, de maneira tal que quase iam a pique. E vendo isto Simão Pedro, prostrou-se aos pés de Jesus, dizendo: Senhor, ausenta-te de mim, que sou um homem pecador. Pois que o espanto se apoderara dele, e de todos os que com ele estavam, por causa da pesca de peixe que haviam feito. E, de igual modo, também de Tiago e João, filhos de Zebedeu, que eram companheiros de Simão. E disse Jesus a Simão: Não temas; de agora em diante serás pescador de homens. E, levando os barcos para terra, deixaram tudo, e o seguiram. Lucas 5:1-11

A cura de um endemoninhado Mc.1.21-28

Entraram em Cafarnaum e, logo no sábado, indo ele à sinagoga, ali ensinava. E maravilharam-se da sua doutrina, porque os ensinava como tendo autoridade, e não como os escribas. E estava na sinagoga deles um homem com um espírito imundo, o qual exclamou, Dizendo: Ah! que temos contigo, Jesus Nazareno? Vieste destruir-nos? Bem sei quem és: o Santo de Deus. E repreendeu-o Jesus, dizendo: Cala-te, e sai dele. Então o espírito imundo, convulsionando-o, e clamando com grande voz, saiu dele. E todos se admiraram, a ponto de perguntarem entre si, dizendo: Que é isto? Que nova doutrina é esta? Pois com autoridade ordena aos espíritos imundos, e eles lhe obedecem! E logo correu a sua fama por toda a província da Galiléia. Marcos 1:21-28

A ressurreição de Lázaro Jo.11.38-45

Jesus, pois, movendo-se outra vez muito em si mesmo, veio ao sepulcro; e era uma caverna, e tinha uma pedra posta sobre ela. Disse Jesus: Tirai a pedra. Marta, irmã do defunto, disse-lhe: Senhor, já cheira mal, porque é já de quatro dias. Disse-lhe Jesus: Não te hei dito que, se creres, verás a glória de Deus? Tiraram, pois, a pedra de onde o defunto jazia. E Jesus, levantando os olhos para cima, disse: Pai, graças te dou, por me haveres ouvido. Eu bem sei que sempre me ouves, mas eu disse isto por causa da multidão que está em redor, para que creiam que tu me enviaste. E, tendo dito isto, clamou com grande voz: Lázaro, sai para fora. E o defunto saiu, tendo as mãos e os pés ligados com faixas, e o seu rosto envolto num lenço. Disse-lhes Jesus: Desligai-o, e deixai-o ir. Muitos, pois, dentre os judeus que tinham vindo a Maria, e que tinham visto o que Jesus fizera, creram nele. João 11:38-45

Outras narrativas de milagres sobrenaturais de Jesus Cristo:

A cura da sogra do Pedro Mc.1.30,31

A cura de um leproso Mc.1.40-45

A cura de um paralítico Mc.2.1-12

O homem de mão ressequido Mc.3.1-5

A tempestade aquietado Mc.4.35-41

O endemoninhado Gadareno Mc.5.1-21

A mulher que tinha um fluxo de sangue Mc.5.25-34

A filha de Jairo Mc.5.22-24,35-43

O centurião de Cafarnaum Mt.8.5-13

A cura de dois cegos Mt.9.27-31

A cura de homem mudo é endemoninhado Mt.9.32,33

A cura de um paralítico (Betesda) Jo.5.1-15

O filho de viúva de Naim Lc.7.11-17

O endemoninhado cego e mudo Mt.12.22

A I.ª multiplicação dos pães Mt.14.13-21

Andando por cima do mar Mt.14.22-32

A cura do um lunático Mt.17.l4-18

A moeda na boca dum peixe Mt.17.27

A mulher siro-fenícia Mc.7.24-30

A cura de um surdo e gago Mc.7.31-37

A 2.ª multiplicação dos pães Mc.8.1-10

A cura de um cego de Betsaida Mc.8.22-26

A cura de um cego de nascença Jo.9

A cura de uma mulher paralítica Lc.13.11-17

A cura de um hidrópico Lc.14.1-4

A cura de dez leprosos Lc.17.11-19

Bartimeu, o cego, curado Mc.10.46-52

A figueira seca Mc.11.12-14,20

Todos estes milagres validam o ministérios de Jesus como sendo o filho de Deus que veio ao mundo com a missão de vencer a morte na cruz, culminando em sua ressurreição dos mortos.

> O teólogo Josh McDowell diz: Observamos que muitos acadêmicos rejeitam a exatidão histórica do Novo testamento com base no fato de que os textos Bíblicos registram milagres. De acordo com a perspectivas destes críticos sobre Jesus, as suas obras, o seu nascimento de uma virgem e a sua ressurreição não podem ser historicamente exatos...

Para responder essa questão é necessário definir exatamente o que é um milagre. O Dr Richard Purtill, professor de filosofia na universidade de Westem Washington define um milagre como "um evento em que Deus temporariamente faz uma exceção a ordem natural das coisas, para mostrar que Ele está agindo".

> O teólogo Josh McDowell diz que um milagre verdadeiro deve ter cinco Qualificações: primeiro – a exceção a ordem natural é temporária. A ressurreição de Jesus dos mortos é um evento excepcional, que ocorreu um única vez, que de maneira nenhuma afeta a nossa certeza sobre a uniformidade geral da natureza. Segunda – o evento é uma exceção ao curso natural dos eventos. A ressurreição de Jesus é um evento sobrenatural, que não acontece no curso normal da natureza. Terceiro – para que haja um evento milagroso, é necessário conservar uma crença na ordem das coisas. Quarto – um milagre deve ser o resultado do poder de Deus. Quinto – os milagres são sinais da ação de Deus, momentaneamente sobrepujando as operações normais da natureza.

De acordo com os autores, os milagres do Novo Testamento só validam o poder sobrenatural de Jesus na terra, onde interferiu na história, na natureza, na vida e na morte de pessoas, assim como na sua própria.

Quanto fato não há contestação

É fato consumado que Jesus morreu e ressuscitou dos mortos segundo as escrituras. Muitas testemunhas oculares deixaram detalhes do acontecimento da ressurreição.

O apóstolo Paulo discursando no areópago na Grécia, disse:

> E, enquanto Paulo os esperava em Atenas, o seu espírito se comovia em si mesmo, vendo a cidade tão entregue à idolatria. De sorte que disputava na sinagoga com os judeus e religiosos, e todos os dias na praça com os que se apresentavam. E alguns dos filósofos epicureus e estóicos contendiam com ele; e uns diziam: Que quer dizer este paroleiro? E outros: Parece que é pregador de deuses estranhos; porque lhes anunciava a Jesus e a ressurreição. E tomando-o, o levaram ao Areópago, dizendo: Poderemos nós saber que nova doutrina é essa de que falas? Pois coisas estranhas nos trazes aos ouvidos; queremos pois saber o que vem a ser isto (Pois todos os atenienses e estrangeiros residentes, de nenhuma outra coisa se ocupavam, senão de dizer e ouvir alguma novidade). E, estando Paulo no meio do Areópago, disse: Homens atenienses, em tudo vos vejo um tanto supersticiosos; Porque, passando eu e vendo os vossos santuários, achei também um altar em que estava escrito: AO DEUS DESCONHECIDO. Esse, pois, que vós honrais, não o conhecendo, é o que eu vos anuncio. O Deus que fez o mundo e tudo que nele há, sendo Senhor do céu e da terra, não habita em templos feitos por mãos de homens; Nem tampouco é servido por mãos de homens, como que necessitando de alguma coisa; pois ele mesmo é quem dá a todos a vida, e a respiração, e todas as coisas; E de um só sangue fez toda a geração dos homens, para habitar sobre toda a face da terra, determinando os tempos já dantes ordenados, e os limites da sua habitação; Para que buscassem ao Senhor, se porventura, tateando, o pudessem achar; ainda que não está longe de cada um de nós; Porque nele vivemos, e nos movemos, e existimos; como também alguns dos vossos poetas disseram: Pois somos também sua geração. Sendo nós, pois, geração de Deus, não havemos de cuidar que a divindade seja semelhante ao ouro, ou à prata, ou à pedra esculpida por artifício e imaginação dos homens. Mas Deus, não tendo em conta os tempos da ignorância, anuncia agora a todos os homens, e em todo o lugar, que se arrependam; Porquanto tem determinado um dia em que com justiça há de julgar o mundo, por meio do homem que destinou; e disso deu certeza a todos, ressuscitando-o dentre os mortos. E, como ouviram falar da ressurreição dos mortos, uns escarneciam, e outros diziam: Acerca disso te ouviremos outra vez. E assim Paulo saiu do meio deles. Todavia, chegando alguns homens a ele, creram; entre os quais foi Dionísio, areopagita, uma mulher por nome Dâmaris, e com eles outros. Atos 17:16-34

Nesse texto Paulo deixa claro que a ressurreição de Jesus era difícil de ser compreendida pelo povo do mundo antigo como é até hoje.

> O teólogo Josh McDowell, menciona as palavras do acadêmico especializado no novo testamento , ele fala que: muitas pessoas creram que os contemporâneos de Jesus eram ingênuos, primitivos e propensos a crer facilmente em mitos e impossibilidades naturais. Eles supõem que, nos tempo antigos, pré-científicos, as pessoas não conseguiam distinguir entre fatos e fabulas, realidade e fantasia. As investigações dos homens e mulheres do século I. Na verdade, uma simples leitura do Novo Testamento poderia ter dissipado esse erro. Os autores do Novo Testamento frequentemente atribuem um grande valor a crença com base em fatos irrefutáveis.

> Os autores Josh McDowell & Dave Sterrett diz: Jesus começou a chamar as pessoas a crer nEle a fim de receberem a plenitude das promessas da ressurreição. Em seguida, contou aos seus discípulos que Ele seria entregue nas mãos de homens pecadores, e crucificado, e no terceiro dia ressuscitaria. As palavras preditas por

Jesus seriam comprovadas quando, mais tarde, Ele cumpriu todos esses detalhes e ressurgiu dos mortos fisicamente.

O apóstolo Pedro disse: "Porque não vos fizemos saber a virtude e a vinda de nosso Senhor Jesus Cristo, seguindo fábulas artificialmente compostas; mas nós mesmos vimos a sua majestade. 2 Pedro 1.16"

O apostolo Paulo advertiu as pessoas: Nem se dêem a fábulas ou a genealogias intermináveis, que mais produzem questões do que edificação de Deus, que consiste na fé; assim o faço agora. 1 Timóteo 1:4"

4. O NOVO TESTAMENTO COMO EVIDENCIA HISTIRICA

Confiabilidade de documentos

O novo testamento representa a fonte histórica principal para apresentar evidencia da vida, ministério, morte e ressurreição de Jesus Cristo. Como o Novo Testamento faz declarações sobre a intervenção divina nas questões humanas, muitos críticos, durante os séculos XIX, XX e XXI, abandonaram a objetividade e atacaram a confiabilidade dos documentos que respaldam a autenticidade do Novo testamento. Segundo o autor:

Josh McDowell, os críticos usaram dois métodos como base para seu ataque: o primeiro critério é quão cronologicamente próximo dos eventos que descrevem esses documentos eles foram escritos. Naturalmente, quanto mais próximo do evento, mais provável que o documento seja autêntico... O segundo critério para autenticação de documentos antigos é quão confiáveis são as cópias dos documentos originais...

O Dr. John Warwick Montgomery, professor aposentado de direito e ciências humanas, na universidade de Luton, ingçaterre, comenta a aplicação da regra de "documento antigo" aos documentos do Novo testamento: Esta regra, aplicada aos registro do Evangelho e reforçada pela crítica inferior (textual) respeitável, estabeleceria a competência em qualquer tribunal". Similarmente, o Dr. Robson disse que em virtude da "preguiça" dos acadêmicos, da "tiranias das suposições não verificadas" e da cegueira quase voluntária" de autores anteriores, grande parte da argumentação passada sobre a qual se baseava a critica Bíblica era indefensável. Ele conclui dizendo: "o Novo Testamento é a obra dos apóstolos, ou de contemporâneos que trabalhavam com eles, e que todos os livros do Novo Testamento, incluindo o Evangelho de João, tinham de ter sido escritos antes de 64 d.C.

O autor: Josh McDowell, fala do o famoso historiador romano Colin Hermer mais recentemente ofereceu importante apoio em favor das conclusões de Robson. Ele argumentou, de maneira persuasiva, que o livro de Atos foi escrito entre 60 e 62 d.C. Aqui estão algumas das razões que o levaram a essa conclusão: 1 – O livro de Atos é concluído de maneira abrupta, com a prisão domiciliar de Paulo em Roma. A explicação mais plausível é a de que Lucas ainda estava escrevendo na época dos eventos que descrevia. Neste caso, devemos datar o livro de Atos antes de 62 d.C; 2 – O livro de Atos registra o martírio de Estêvão (7.54-60) e do apóstolo Tiago (12.1,2), mas nada diz sobre a morte de Paulo e Pedro (meados dos anos 60 d.C.), e Tiago, o irmão de Jesus (aproximadamente 62 d.C); 3 – Relatos da guerra dos judeus contra os romanos (começando em 66 d.C.) e a destruição de Jerusalém (70 d.C) estão, estranhamente, ausentes do livro de Atos; 4 – Não há indicação de deterioração nas relações entre os cristãos e os romanos, durante a perseguição de Nero, no final dos anos 60 d.C.; 5 – O livro de Atos fala como se os saduceus tivessem uma autoridade proeminente em Roma. No entanto, depois de 70 d.C., a sua influencia politica desmoronou; 6 – Há detalhes específicos que poderiam ter sido conhecidos apenas por um investigador contemporâneo, como Lucas, que viajou muito. Esses detalhes incluem títulos exato de oficiais, identificação de unidades militares e informações sobre rotas importantes.

O autor: Josh McDowell, diz que outra razão para confiar nos registro que o Novo Testamento apresenta de Cristo é o fato de que foram escritos por testemunhas oculares, ou com base em relatos de testemunhas oculares. O historiador Dr. Louis Gottschalk, ao escrever sobre o exame da exatidão de uma fonte, diz: "A capacidade de dizer a verdade se deve, em parte, à proximidade da testemunha ao evento. A palavra proximidade é usada aqui em um sentido geográfico e também cronológico.

Um sepulcro na rocha solida

Todos os quatro Evangelhos narram que o corpo de Jesus foi colocado em um sepulcro cortado em uma rocha, e uma grande pedra foi rolada para fechar a sua entrada. Mateus, Lucas e João afirmam que era um sepulcro novo e não usado antes:

Mt 27.60 diz: "e o colocou num sepulcro novo, que ele havia mandado cavar na rocha. E, fazendo rolar uma grande pedra sobre a entrada do sepulcro, retirou-se."

Lc 23.53 diz: "Então, desceu-o, envolveu-o num lençol de linho e o colocou num sepulcro cavado na rocha, no qual ninguém ainda fora colocado."

Jo 19.41 diz: "No lugar onde Jesus foi crucificado havia um jardim; e no jardim, um sepulcro novo, onde ninguém jamais fora colocado."

Arqueólogos descobriram três tipos diferentes de sepulcros em rocha, usados durante os tempos de Jesus. Segundo o arqueólogo Craig os descrê: 1. Kokim ou tuneis perpendicular aos muros do sepulcros, com cerca de 2 metros de profundidade, três em cada uma das três paredes internas da sepultura, onde o corpo era inserido, a cabeça em primeiro lugar; 2. Acrosalia ou nichos semicirculares, 75 centímetros acima do piso, e com 60 ou 90 centímetros de profundidade, contendo uma prateleira ou uma espécie de bandeja sobre a qual era colocado o corpo; 3. Espécie de assentos em sepulturas, que formam um assento encostado às três paredes do sepulcros, sobre o qual era posto o corpo.

Craig continua: O sepulcro de José é descrito como sendo do tipo de assento ou acrosalia; esses tipos de sepulcros eram raros nos dias de Jesus, e reservados para pessoas de posição elevada. Mas na realidade eram usados em Jerusalém durante esse período, como atestam os sepulcros do Sinédrio. Perto da Igreja do Santo Sepulcro, local onde, segundo a tradição, estava o sepulcro de Jesus, foram encontrados sepulcros do tipo acrosalia dos tempos de Jesus.

O autor: Josh McDowell, diz que: Esses sepulcros eram fechados, cobrindo-se a abertura com uma pedra em forma de disco, com um peso médio de duas toneladas. Cada sepulcro tinha um sulco cortado na recha diante dele, que funcionava como uma pista para mover a pedra. O Sulco era mais profundo imediatamente diante da entrada, e subia para o lado em ângulo. A pedra em forma de disco era colocada na parte superior do sulco, e um bloco era colocado debaixo dela, para impedir que ela relasse. Quando o bloco era removido, a pedra relava para baixo, e se alojava diante da abertura do sepulcro. Quando o corpo de Jesus foi selado em um sepulcro desse tipo, tirá-lo de lá exigiria um esforço extraordinário.

Diante da afirmação do Josh McDowell, fica claro que não seria possível que os discípulos removessem a pedra sem chamar atenção dos guardas que estavam vigiando o sepulcro. Por isso então que faz mais sentido o acontecimento milagroso do anjo ter removido a pedra e ter ficado sobre ela como segue referência:

"perguntando umas às outras: "Quem removerá para nós a pedra da entrada do sepulcro? " Mas, quando foram verificar, viram que a pedra, que era muito grande, havia sido removida. Entrando no sepulcro, viram um jovem vestido de roupas brancas assentado à direita, e ficaram amedrontadas." Marcos 16:3-5

Mesmo diante das evidencias, surgem estudiosos que tentam descaracterizar essa verdade trazendo uma teoria como mencionada pelo Josh McDowell, recentemente alguns estudiosos questionaram o sepultamento de Jesus por José de Arimatéia, da maneira como está registrada nos Evangelhos. John Dominic Crossan, por exemplo, postulou que, "de acordo com os costumes da crucificação, o corpo de Jesus teria sido deixado na cruz, após a crucificação, para ser comido por animais selvagens, ou então atirado em uma cova rasa.

Já o arqueólogo Craig diz o seguinte: Estou perfeitamente ciente de que a grande maioria dos críticos do Novo Testamento afirma a historicidade da afirmação do Evangelho de que o cadáver de Jesus foi enterrado em um sepulcro de um membro do Sinédrio judeu, José de Arimatéia.

5. RELATOS DE TESTEMUNHAS OCULARES

No Novo Testamento existem muitas evidencias de testemunhas oculares que deixaram registros inegáveis da ressurreição de Jesus Cristo.

> Quando terminou o sábado, Maria Madalena, Salomé e Maria, mãe de Tiago, compraram especiarias aromáticas para ungir o corpo de Jesus. No primeiro dia da semana, bem cedo, ao nascer do sol, elas se dirigiram ao sepulcro, perguntando umas às outras: Quem removerá para nós a pedra da entrada do sepulcro? Mas, quando foram verificar, viram que a pedra, que era muito grande, havia sido removida. Entrando no sepulcro, viram um jovem vestido de poupas brancas assentado à direita, e ficaram amedrontadas. "Não tenham medo", disse ele. Vocês estão procurando Jesus, o Nazareno, que foi crucificado. Ele ressuscitou! Não está aqui. Vejam o lugar onde o haviam posto. Vão e digam aos discípulos dele e a Pedro: Ele está indo adiante de vocês para a Galiléia. Lá vocês o verão, como ele lhes disse. Marcos 16:1-7

> O autor: Josh McDowell, diz que ao registrar os eventos da ressurreição, os discípulos seguiram a lei judaica, que lhes ordenara que fossem testemunhas honestas. John Ankerburg e John Weldon explicam da seguinte maneira: "o fato de que os apóstolos constantemente apelassem ao relato de testemunhas oculares é ainda mais crível se considerarmos a sua própria herança judaica singular. Nenhuma religião enfatizou mais a importância da verdade ou do testemunho sincero do que a religião judaica.

Podemos dizer que os discípulos sabiam que se dessem falsos testemunhos, seriam considerados falsas testemunhas contra o próprio Deus, e poderiam ser punidos com a morte (veja Ex 20.16; 23.1; DT 17.6; 19.15; Pv 19.5,9).

Algumas referências de testemunhas:

2 Pedro 1.16 diz: "De fato, não seguimos fábulas engenhosamente inventadas, quando lhes falamos a respeito do poder e da vinda de nosso Senhor Jesus Cristo; pelo contrário, nós fomos testemunhas oculares da sua majestade."

1 João 1.1 diz: "O que era desde o princípio, o que ouvimos, o que vimos com os nossos olhos, o que contemplamos e as nossas mãos apalparam — isto proclamamos a respeito da Palavra da vida."

Atos 1.3 diz: "Depois do seu sofrimento, Jesus apresentou-se a eles e deu-lhes muitas provas indiscutíveis de que estava vivo. Apareceu-lhes por um período de quarenta dias falando-lhes acerca do Reino de Deus."

Atos 2.32 diz: "Deus ressuscitou este Jesus, e todos nós somos testemunhas desse fato."

João 19.35 diz: "Aquele que o viu, disso deu testemunho, e o seu testemunho é verdadeiro. Ele sabe que está dizendo a verdade, e dela testemunha para que vocês também creiam."

Lucas 1.1-4 diz: Muitos já se dedicaram a elaborar um relato dos fatos que se cumpriram entre nós, conforme nos foram transmitidos por aqueles que desde o início foram testemunhas oculares e servos da palavra. Eu mesmo investiguei tudo cuidadosamente, desde o começo, e decidi escrever-te um relato ordenado, ó excelentíssimo Teófilo, para que tenhas a certeza das coisas que te foram ensinadas.

O autor: Josh McDowell, diz que: para respaldar ainda mais o seu testemunho, os apóstolos se recusaram a renuncia as suas crenças a respeito do Cristo ressuscitado, embora enfrentassem uma dura perseguição e o martírio pelas suas crenças. Como disse o cientista e filósofo Blaise Pascal: " A hipótese de que os apóstolos eram desonestos é completamente absurda. Siga-a até o fim, e imagine esses homens reunidos depois da morte de Jesus e conspirando para dizer que Ele havia ressuscitado dos mortos. Isso significa atacar todas as forças que havia. O coração humano é singularmente suscetível a inconstância, à mudanças, a promessas, a subornos. Um deles tinha apenas de negar a sua historia, diante desses atrativos, ou ainda mais, por causa de possíveis aprisionamentos, torturas e mortes, e todos estariam perdidos.

Os discípulos foram sepultados tendo a convicção de que tinham visto Jesus ressuscitado. É mais do que justo concluir que podemos confiar em seu testemunho.

6. AS TENTATIVAS DE REFUTAR A RESSURREIÇÃO

Muitas teorias foram propostas tentando demonstrar que a ressurreição de Jesus Cristo foi uma fraude. Uma vez que muitos dos fatos com respeito a ressurreição são inegáveis, muitos desses esforços envolveram uma interpretação diferente desses fatos, buscando uma explicação lendária, mística ou naturalista.

O autor Josh McDowell, fala de algumas teorias conforme segue:

Sepulcro desconhecido:

> A teoria do sepulcro desconhecido, essa teoria é defendida ainda hoje por alguns estudiosos. Basicamente, os que propõem essa interpretação afirmam que o corpo de Jesus foi lançado a uma tumba comum para executados, e não colocado em um sepulcro novo. Uma possível defesa para essa teoria é a crença de que o costume era lançar os crucificados a uma tumba comum. A descoberta em 1968, dos restos de Yohanan Bem Ha´galgal em um sepulcro familiar fora de Jerusalém um golpe mortal a essa teoria. Yohanan havia sido crucificado, mas foi sepultado em seu sepulcro. Josefo também registrou o costume comum dos romanos de permitir que os judeus sepultassem os seus mortos...

O Filósofo Stephen T. Davis conclui: "Além disso, a história do envolvimento de José de Arimatéia no sepultamento de Jesus parece respaldada de modo tão intenso e inerentemente confiável que torna quase implausível a hipótese de um sepulcro desconhecido"

O que Bíblia afirma sobre o sepultamento do corpo de Jesus?

> Depois disso José de Arimatéia pediu a Pilatos o corpo de Jesus. José era discípulo de Jesus, mas o era secretamente, porque tinha medo dos judeus. Com a permissão de Pilatos, veio e levou embora o corpo. Ele estava acompanhado de Nicodemos, aquele que antes tinha visitado Jesus à noite. Nicodemos levou cerca de trinta e quatro quilos de uma mistura de mirra e aloés. Tomando o corpo de Jesus, os dois o envolveram em faixas de linho, juntamente com as especiarias, de acordo com os costumes judaicos de sepultamento. No lugar onde Jesus foi crucificado havia um jardim; e no jardim, um sepulcro novo, onde ninguém jamais fora colocado. Por ser o Dia da Preparação para os judeus e visto que o sepulcro ficava perto, colocaram Jesus ali. João 19:38-42

> Segundo o Dr. Wilbur Smith disse: Sabemos mais sobre o sepulcro do Senhor do que sobre o sepultamento de qualquer outro personagem em toda a história antiga. Sabemos mais sobre seu sepultamento do que qualquer personagem do antigo testamento, de qualquer rei da Babilônia, faraó do Egito, qualquer filósofo grego ou César triunfante. Sabemos quem tirou seu corpo da cruz; sabemos a respeito de envolver o corpo com especiarias e vestes mortuárias; sabemos em que túmulo foi colocado, e o nome do dono, José, de uma cidade conhecida como Arimatéia. Sabemos até onde esse túmulo se localizava, em um jardim próximo ao lugar onde fora crucificado, fora dos muros da cidade. Temos quatro registros do sepultamento de nosso Senhor, todos em surpreendente acordo: O registro de Mateus, um discípulo de Cristo que estava lá quando Jesus foi crucificado; o registro de Marcos, que alguns dizem ter sido escrito no período de 10 anos a partir da ascensão do nosso Senhor; O registro de Lucas, um companheiro do apóstolo Paulo e grande

historiador; e o registro de João, que foi o último a deixar a cruz, e, com Pedro, o primeiro dos doze a contemplar o túmulo vazio na Páscoa.

Temos informações mais do que suficiente para crer que Jesus foi cuidadosamente sepultado em um lugar bem reservado e conhecido pelos seus discípulos. Recebendo as honras de um sepultamento judeu como de costume em seu povo.

A Teoria da alucinação:

O teólogo Josh McDowell e Sean McDowell afirmam: Uma teoria mais difundidas para contradizer a ressurreição de Cristo é a de que as testemunhas apenas pensaram que tinham vistos Jesus ressuscitado. De acordo com esse teoria, elas estariam tendo alucinações. Também segundo esse teoria, todas as aparições de Cristo depois da ressurreição podem ser refutadas. A teoria da alucinação foi a teoria naturalista mais popular para a ressurreição de Cristo, até que perdeu adesão dos estudiosos, acerca de 100 anos. Hoje em dia a teoria da alucinação está de volta, parcialmente. Por que a esse teoria é fraca? Em primeiro lugar, ela contradiz varias condições que muitos psiquiatras e psicólogos concordam que devem estar presente para que haja uma alucinação. A menos que as aparições de Cristo correspondam a esses condições essenciais, não faz sentido referir-se a elas de modo geral. O primeiro principio é de que, de modo geral, apenas determinados tipos de pessoas tem alucinação – normalmente pessoas paranoicas ou esquizofrênicas, sendo os esquizofrênicos mais suscetíveis, pessoas a beira da morte ou pessoas sob a influencia de drogas. No Novo testamento, no entanto, temos todos os tipos diferente de pessoas, de diferentes antecedentes, de diferentes idades, de diferentes profissões, em diferentes estados de espíritos e de diferentes graus de instrução, que afirmam ter visto o Jesus ressuscitado.

O Dr. Gary Habermas observa: "O fato de que esses indivíduos diferentes, nessas variadas circunstancias, fossem todos candidatos a alucinações realmente força os limites da credibilidade"

O teólogo Josh McDowell e Sean McDowell continua dizendo: Em segundo lugar, as alucinações estão relacionadas ao subconsciente de um individuo, e as suas experiências passadas, e é muito improvável que duas ou mais pessoas pudessem ter a mesma alucinação ao mesmo tempo. Cristo apareceu a muitas pessoas, e as descrições das aparições envolvem grande nível de detalhes, que os psicólogos consideram uma indicação de que essas pessoas estavam em contato com a realidade.

O Dr. John Warwick Montgomery faz a seguinte afirmação: Observe que quando os discípulos de Jesus anunciaram a ressurreição, eles o fizeram como testemunhas e enquanto pessoas que tiveram contato com os eventos ainda estavam vivas. Em 56 d.C., Paulo escreveu que mais de 500 pessoas tiveram visto o Jesus ressuscitado e que a maioria ainda estavam viva, Há uma referencia em 1 Coríntios 15.5. Ele ultrapassa os limites de credibilidade de que os cristãos primitivos podiam ter inventado tal conto e então pregado entre aqueles que poderiam refutar isso com facilidade simplesmente apresentando o corpo de Jesus.

Para dar base às informações dos teólogos citados acima a favor da ressurreição de Cristo seguem algumas referências Bíblicas que afirmam a ressurreição de Jesus através das testemunhas oculares:

- A Maria Madalena:

"E Jesus, tendo ressuscitado na manhã do primeiro dia da semana, apareceu primeiramente a Maria Madalena, da qual tinha expulsado sete demônios." Marcos 16:9

"E, tendo dito isto, voltou-se para trás, e viu Jesus em pé, mas não sabia que era Jesus." João 20:14

- As mulheres que voltavam do túmulo:

> E, indo elas a dar as novas aos seus discípulos, eis que Jesus lhes sai ao encontro, dizendo: Eu vos saúdo. E elas, chegando, abraçaram os seus pés, e o adoraram. Então Jesus disse-lhes: Não temais; ide dizer a meus irmãos que vão à Galiléia, e lá me verão. Mateus 28:9,10

- Pedro mais tarde naquele dia...: Lucas 24.34; 1 Coríntios 15.5

"Os quais diziam: Ressuscitou verdadeiramente o Senhor, e já apareceu a Simão." Lucas 24:34

"E que foi visto por Cefas, e depois pelos doze." 1 Coríntios 15:5

- Aos discípulos a caminho de Emaús: Lucas 24.13-33

> E eis que no mesmo dia iam dois deles para uma aldeia, que distava de Jerusalém sessenta estádios, cujo nome era Emaús. E iam falando entre si de tudo aquilo que havia sucedido. E aconteceu que, indo eles falando entre si, e fazendo perguntas um ao outro, o mesmo Jesus se aproximou, e ia com eles. Mas os olhos deles estavam como que fechados, para que o não conhecessem. E ele lhes disse: Que palavras são essas que, caminhando, trocais entre vós, e por que estais tristes? E, respondendo um, cujo nome era Cléopas, disse-lhe: És tu só peregrino em Jerusalém, e não sabes as coisas que nela têm sucedido nestes dias? E ele lhes perguntou: Quais? E eles lhe disseram: As que dizem respeito a Jesus Nazareno, que foi homem profeta, poderoso em obras e palavras diante de Deus e de todo o povo; E como os principais dos sacerdotes e os nossos príncipes o entregaram à condenação de morte, e o crucificaram. E nós esperávamos que fosse ele o que remisse Israel; mas agora, sobre tudo isso, é já hoje o terceiro dia desde que essas coisas aconteceram. É verdade que também algumas mulheres dentre nós nos maravilharam, as quais de madrugada foram ao sepulcro; E, não achando o seu corpo, voltaram, dizendo que também tinham visto uma visão de anjos, que dizem que ele vive. E alguns dos que estavam conosco foram ao sepulcro, e acharam ser assim como as mulheres haviam dito; porém, a ele não o viram. E ele lhes disse: Ó néscios, e tardos de coração para crer tudo o que os profetas disseram! Porventura não convinha que o Cristo padecesse estas coisas e entrasse na sua glória? E, começando por Moisés, e por todos os profetas, explicava-lhes o que dele se achava em todas as Escrituras. E chegaram à aldeia para onde iam, e ele fez como quem ia para mais longe. E eles o constrangeram, dizendo: Fica conosco, porque já é tarde, e já declinou o dia. E entrou para ficar com eles. E aconteceu que, estando com eles à mesa, tomando o pão, o abençoou e partiu-o, e lho deu. Abriram-se-lhes então os olhos, e o conheceram, e ele desapareceu-lhes. E disseram um para o outro: Porventura não ardia em nós o nosso coração quando, pelo caminho, nos falava, e quando nos abria as Escrituras? E na mesma hora,

levantando-se, tornaram para Jerusalém, e acharam congregados os onze, e os que estavam com eles, Lucas 24:13-33

- Aos apóstolos sem Tomé: Lucas 24.36-43; João 20.19,20

E falando eles destas coisas, o mesmo Jesus se apresentou no meio deles, e disse-lhes: Paz seja convosco. E eles, espantados e atemorizados, pensavam que viam algum espírito. E ele lhes disse: Por que estais perturbados, e por que sobem tais pensamentos aos vossos corações? Vede as minhas mãos e os meus pés, que sou eu mesmo; apalpai-me e vede, pois um espírito não tem carne nem ossos, como vedes que eu tenho. E, dizendo isto, mostrou-lhes as mãos e os pés. E, não o crendo eles ainda por causa da alegria, e estando maravilhados, disse-lhes: Tendes aqui alguma coisa que comer? Então eles apresentaram-lhe parte de um peixe assado, e um favo de mel; Lucas 24:36-42

Chegada, pois, a tarde daquele dia, o primeiro da semana, e cerradas as portas onde os discípulos, com medo dos judeus, se tinham ajuntado, chegou Jesus, e pôs-se no meio, e disse-lhes: Paz seja convosco. E, dizendo isto, mostrou-lhes as suas mãos e o lado. De sorte que os discípulos se alegraram, vendo o Senhor. João 20:19,20

- Aos apóstolos com Tomé presente: João 20.26-29

E oito dias depois estavam outra vez os seus discípulos dentro, e com eles Tomé. Chegou Jesus, estando às portas fechadas, e apresentou-se no meio, e disse: Paz seja convosco. Depois disse a Tomé: Põe aqui o teu dedo, e vê as minhas mãos; e chega a tua mão, e põe-na no meu lado; e não sejas incrédulo, mas crente. E Tomé respondeu, e disse-lhe: Senhor meu, e Deus meu! Disse-lhe Jesus: Porque me viste, Tomé creste; bem-aventurados os que não viram e creram. João 20:26-29

- Aos sete junto ao mar de Tiberíades: João 21.1-23

Depois disto manifestou-se Jesus outra vez aos discípulos junto do mar de Tiberíades; e manifestou-se assim: Estavam juntos Simão Pedro, e Tomé, chamado Dídimo, e Natanael, que era de Caná da Galiléia, os filhos de Zebedeu, e outros dois dos seus discípulos. Disse-lhes Simão Pedro: Vou pescar. Dizem-lhe eles: Também nós vamos contigo. Foram, e subiram logo para o barco, e naquela noite nada apanharam. E, sendo já manhã, Jesus se apresentou na praia, mas os discípulos não conheceram que era Jesus. Disse-lhes, pois, Jesus: Filhos, tendes alguma coisa de comer? Responderam-lhe: Não. E ele lhes disse: Lançai a rede para o lado direito do barco, e achareis. Lançaram-na, pois, e já não a podiam tirar, pela multidão dos peixes. Então aquele discípulo, a quem Jesus amava, disse a Pedro: É o Senhor. E, quando Simão Pedro ouviu que era o Senhor, cingiu-se com a túnica (porque estava nu) e lançou-se ao mar. E os outros discípulos foram com o barco (porque não estavam distantes da terra senão quase duzentos côvados), levando a rede cheia de peixes. Logo que desceram para terra, viram ali brasas, e um peixe posto em cima, e pão. Disse-lhes Jesus: Trazei dos peixes que agora apanhastes. Simão Pedro subiu e puxou a rede para terra, cheia de cento e cinquenta e três grandes peixes e, sendo tantos, não se rompeu a rede. Disse-lhes Jesus: Vinde, comei. E nenhum dos discípulos ousava perguntar-lhe: Quem és tu? sabendo que era o Senhor. Chegou, pois, Jesus, e tomou o pão, e deu-lhes e, semelhantemente o peixe... João 21:1-13

- À multidão de mais de 500 crentes em um monte na Galileia: 1 Coríntios 15.6

"Depois foi visto, uma vez, por mais de quinhentos irmãos, dos quais vive ainda a maior parte, mas alguns já dormem também." 1 Coríntios 15:6

- A Tiago: 1 Coríntios 15.7

"Depois foi visto por Tiago, depois por todos os apóstolos." 1 Coríntios 15:7

- Aos Onze discípulos: Mateus 28.16-20; Lucas 24.33-52

E os onze discípulos partiram para a Galiléia, para o monte que Jesus lhes tinha designado. E, quando o viram, o adoraram; mas alguns duvidaram. E, chegando-se Jesus, falou-lhes, dizendo: É-me dado todo o poder no céu e na terra. Portanto ide, fazei discípulos de todas as nações, batizando-os em nome do Pai, e do Filho, e do Espírito Santo; Ensinando-os a guardar todas as coisas que eu vos tenho mandado; e eis que eu estou convosco todos os dias, até a consumação dos séculos. Amém. Mateus 28:16-20

E na mesma hora, levantando-se, tornaram para Jerusalém, e acharam congregados os onze, e os que estavam com eles, Os quais diziam: Ressuscitou verdadeiramente o Senhor, e já apareceu a Simão. E eles lhes contaram o que lhes acontecera no caminho, e como deles fora conhecido no partir do pão. E falando eles destas coisas, o mesmo Jesus se apresentou no meio deles, e disse-lhes: Paz seja convosco. E eles, espantados e atemorizados, pensavam que viam algum espírito. E ele lhes disse: Por que estais perturbados, e por que sobem tais pensamentos aos vossos corações? Vede as minhas mãos e os meus pés, que sou eu mesmo; apalpai-me e vede, pois um espírito não tem carne nem ossos, como vedes que eu tenho. E, dizendo isto, mostrou-lhes as mãos e os pés. E, não o crendo eles ainda por causa da alegria, e estando maravilhados, disse-lhes: Tendes aqui alguma coisa que comer? Então eles apresentaram-lhe parte de um peixe assado, e um favo de mel; O que ele tomou, e comeu diante deles. E disse-lhes: São estas as palavras que vos disse estando ainda convosco: Que convinha que se cumprisse tudo o que de mim estava escrito na lei de Moisés, e nos profetas e nos Salmos. Então abriu-lhes o entendimento para compreenderem as Escrituras. E disse-lhes: Assim está escrito, e assim convinha que o Cristo padecesse, e ao terceiro dia ressuscitasse dentre os mortos, E em seu nome se pregasse o arrependimento e a remissão dos pecados, em todas as nações, começando por Jerusalém. E destas coisas sois vós testemunhas. E eis que sobre vós envio a promessa de meu Pai; ficai, porém, na cidade de Jerusalém, até que do alto sejais revestidos de poder. E levou-os fora, até Betânia; e, levantando as suas mãos, os abençoou. E aconteceu que, abençoando-os ele, se apartou deles e foi elevado ao céu. E, adorando-o eles, tornaram com grande júbilo para Jerusalém. Lucas 24:33-52

- A um grupo de discípulos na ascensão: Atos 1.3-12

Aos quais também, depois de ter padecido, se apresentou vivo, com muitas e infalíveis provas, sendo visto por eles por espaço de quarenta dias, e falando das coisas concernentes ao reino de Deus. E, estando com eles, determinou-lhes que não se ausentassem de Jerusalém, mas que esperassem a promessa do Pai, que, disse ele, de mim ouvistes. Porque, na verdade, João batizou com água, mas vós sereis batizados com o Espírito Santo, não muito depois destes dias. Aqueles, pois, que se haviam reunido perguntaram-lhe, dizendo: Senhor, restaurarás tu neste tempo o reino a Israel? E disse-lhes: Não vos pertence saber os tempos ou as estações que o Pai estabeleceu pelo seu próprio poder. Mas recebereis a virtude do Espírito Santo, que há de vir sobre vós; e ser-me-eis testemunhas, tanto em Jerusalém como em toda a Judéia e Samaria, e até aos confins da terra. E, quando dizia isto, vendo-o eles, foi elevado às alturas, e uma nuvem o recebeu, ocultando-o a seus olhos. E, estando com os olhos fitos no céu, enquanto ele subia, eis que junto deles se puseram dois homens vestidos de branco. Os quais lhes disseram: Homens galileus, por que estais olhando para o céu? Esse Jesus, que dentre vós foi recebido em cima no céu, há de vir assim como para o céu o vistes ir. Então voltaram para Jerusalém, do monte chamado das Oliveiras, o qual está perto de Jerusalém, à distância do caminho de um sábado. Atos 1:3-12

- A Paulo: Atos 9.3-6; 1 Coríntios 15.8

E, indo no caminho, aconteceu que, chegando perto de Damasco, subitamente o cercou um resplendor de luz do céu. E, caindo em terra, ouviu uma voz que lhe dizia: Saulo, Saulo, por que me persegues? E ele disse: Quem és, Senhor? E disse o Senhor: Eu sou Jesus, a quem tu persegues. Duro é para ti recalcitrar contra os aguilhões. E ele, tremendo e atônito, disse: Senhor, que queres que eu faça? E disse-lhe o Senhor: Levanta-te, e entra na cidade, e lá te será dito o que te convém fazer. Atos 9:3-6

"E por derradeiro de todos me apareceu também a mim, como a um abortivo." 1 Coríntios 15:8

- A Estevão: atos 7.55

"Mas ele, estando cheio do Espírito Santo, fixando os olhos no céu, viu a glória de Deus, e Jesus, que estava à direita de Deus;" Atos 7:55

- A Paulo no templo: Atos 22.17-21; 23.11

E aconteceu que, tornando eu para Jerusalém, quando orava no templo, fui arrebatado para fora de mim. E vi aquele que me dizia: Dá-te pressa e sai apressadamente de Jerusalém; porque não receberão o teu testemunho acerca de mim. E eu disse: Senhor, eles bem sabem que eu lançava na prisão e açoitava nas sinagogas os que criam em ti. E quando o sangue de Estêvão, tua testemunha, se derramava, também eu estava presente, e consentia na sua morte, e guardava as capas dos que o matavam. E disse-me: Vai, porque hei de enviar-te aos gentios de longe. Atos 22:17-21

"E na noite seguinte, apresentando-se-lhe o Senhor, disse: Paulo, tem ânimo; porque, como de mim testificaste em Jerusalém, assim importa que testifiques também em Roma." Atos 23:11

- A João em Patmos: Apocalipse 1.10-19

Eu fui arrebatado no Espírito no dia do Senhor, e ouvi detrás de mim uma grande voz, como de trombeta, Que dizia: Eu sou o Alfa e o Ômega, o primeiro e o derradeiro; e o que vês, escreve-o num livro, e envia-o às sete igrejas que estão na Ásia: a Éfeso, e a Esmirna, e a Pérgamo, e a Tiatira, e a Sardes, e a Filadélfia, e a Laodicéia. E virei-me para ver quem falava comigo. E, virando-me, vi sete castiçais de ouro; E no meio dos sete castiçais um semelhante ao Filho do homem, vestido até aos pés de uma roupa comprida, e cingido pelos peitos com um cinto de ouro. E a sua cabeça e cabelos eram brancos como lã branca, como a neve, e os seus olhos como chama de fogo; E os seus pés, semelhantes a latão reluzente, como se tivessem sido refinados numa fornalha, e a sua voz como a voz de muitas águas. E ele tinha na sua destra sete estrelas; e da sua boca saía uma aguda espada de dois fios; e o seu rosto era como o sol, quando na sua força resplandece. E eu, quando o vi, caí a seus pés como morto; e ele pôs sobre mim a sua destra, dizendo-me: Não temas; Eu sou o primeiro e o último; E o que vivo e fui morto, mas eis aqui estou vivo para todo o sempre. Amém. E tenho as chaves da morte e do inferno. Escreve as coisas que tens visto, e as que são, e as que depois destas hão de acontecer; Apocalipse 1:10-19

A Teoria Mulçumana da Substituição

O teólogo Josh McDowell explica essa teoria e apresenta refutações como segue: O Alcorão afirma que Jesus não foi crucificado na cruz. Em vez de permitir que Jesus, que era um dos servos de Alá, fosse crucificado, Alá teve respeito pelo seu profeta e o salvou, crucificando, em seu lugar, um espectador que foi transformado em uma pessoa parecida com Jesus. Isso é conhecido como a "teoria da substituição" (Surah 4.157). Tipicamente, Judas Iscariotes ou Simão, o cireneu, é considerado o substituto de Jesus. Em vez de ser crucificado, Jesus subiu aos céus, onde permanece vivo, até o seu retorno a terra, antes do fim dos tempos. A teoria muçulmana da substituição tem sérios problemas históricos. O Antigo Testamento predisse a morte do Messias (veja Is 53.5-10; Sl 22.16; Dn 9.26; Zc 12.10), e ao morrer, Jesus cumpriu essas profecias (veja Mt 4.14; 5.17,18; 8.17; Jo 4.25,26; 5.39). Não há nenhuma predição, no Antigo Testamento, de que Alguém substituiria o Messias; Todas as referencias indicam que Ele morreria pessoalmente. Jesus também predisse sua morte muitas vezes, durante todo o seu ministério (veja Jo 2.19-21; Mt 12.40; Mc 8.31).

No livro de Paul Meets Muhammad, Michael Licona surge outro dilema para teoria mulçumana da substituição. Em marcos 12.1-11, Jesus conta a parábola do Senhor que arrenda a sua vinha a trabalhadores. Os estudiosos são quase unânimes – incluindo os céticos – no fato de que Jesus contou essa parábola, em que Ele predix a sua morte violenta. Licona explica: Como Jesus predisse a Sua moete violenta, e Maomé o considera um profeta, se Jesus não teve uma morte violenta, isto faz dEle um falso profeta, um fato que seria anátema, tanto aos cristãos como também aos muçulmanos. O argumento é o seguinte: 1. Jesus predisse a sua morte violenta. 2. Se Jesus teve uma morte violenta, então o Alcorão está errado, uma vez que afirma que Ele escapou à morte por crucificação. 3. Se Jesus não teve uma morte violenta, o Alcorão está novamente errado, uma vez que considera Jesus um profeta, e se Ele não morreu na maneira como predisse, Ele seria falso profeta. De qualquer maneira o Alcorão está errado

7. CONCLUSÃO

Diante de todas as evidencias apresentadas, pode-se concluir que Jesus Cristo ressuscitou dos mortos. Foi visto pelos seus discípulos e por mais de 500 testemunhas. Participou de refeição com seus discípulos a beira mar e ficou com eles por 40 dias depois de ressuscitado. A convicção dos seus discípulos era tão grande que gostaram suas vidas até a morte, a fim de levar essa grande verdade para todos os seus amigos, parentes, inimigos e a todo o mundo. Essa grande verdade alcançou o século XXI e é tão latente para os servos de Cristo quanto era naquele tempo. Pois muitos continuam morrendo por afirmarem essa grande verdade. Porem estes estão dando suas vidas por uma verdade irrefutável.

REFERENCIAS

John R. W. Stott, *A Cruz de Cristo*. Downers, IL; Inter Varsisty Press, p.220

Willibald Bosen, *Ressuscitado segundo as Escrituras*. Editora Paulina, p. 30

Wiffian, Pannenberg, "*A Dialogue on Crist´s Ressurrection*", Cristianity Today, vol. XII, 12 de abril de 1968, p.10

Stephen T. Davis, *Risen Indeed. Grand Rapid, MI*: Eerdmans, 1993, p.24,25

William Lane Craig, *Assessing the New Testament Evidence for the Historicity of the Ressurrection of Jesus*. Lewiston, NY: Edwin Melien, 1989, p.418, 418.

Richard J. Evans, *In Defense of History. Nova York*: W. W. Norton and Company, 1999, p.189

Richard Purtill, "*Defining Miracle*", extraído de In Defense of Miracles, editado por R. Douglas Geivett

Samuel J. Schultz, *Historia de Israel no antigo Testamento*, 2. edição revisada, São Paulo, 2009

Josh McDowell & Dave Sterrett, *A Ressurreição Aconteceu... Mesmo?* Rio de Janeiro, 2014Ockport, MA: Oneworld Publication, 1996, p.66

Wolfhart Pannenberg, "*History and the Reality of the Ressurrection*", Resurrection Reconsidered, editado por Gavin D´Costa.

Michael Licona, *The Historricity of the Resurreiction of Jesus: Historiograohical Consideration inthe Light of Recent Debate*. Uma tese de doutorado concluída na Universidade de Pretoria (2008).

William Lane Craig, *Acessing the New testament Evidence for the Histoeicity of the Rerrection of Jesus*. Lewiston, NY: Edwin Mellen, 1989, p. 185, 186.

John Diminic Crossan, Jesus: *A Revolutionary Biography*. São Francisco: Herper and Row, 1994, capitulo 6.

PAULUS, Bíblia de Jerusalém, versão: NRA. Edição reimpressão 2015, São Paulo.

CPAD, Bíblia Palavra Chave, versão: ARC. 4º edição 2009, Rio de Janeiro.

VIDA, Bíblia Sagrade . Holly Biblie, versão: NVI. 11º edição jan. 2014, São Paulo

VIDA, Bíblia Thompson, versão: AEC. 1º reimpressão nov. 2014, São Paulo

CPAD, Bíblia de Estudo e Aplicação Pessoal, versão: ARC. Edição 1995, Rio de Janeiro

Informações do autor:

Nome: Valdeni Martins Cecílio

Casado, 41 anos

Tem 2 filhos

Formado em bacharel em teologia e pós graduação em ciência da religião pela FABAMA – Faculdade Batista Macaense.